Ênio Silveira

Engenheiro mecânico pela Universidade Federal do Ceará – UFC.
Engenheiro eletricista pela Universidade de Fortaleza – Unifor.
Diretor pedagógico do Sistema ATS de Ensino.
Professor de Matemática e Física em escolas particulares do estado do Ceará.

MATEMÁTICA
Caderno de Atividades 1

5ª edição

© Ênio Silveira, 2019

MODERNA

Coordenação editorial: Mara Regina Garcia Gay
Edição de texto: Iasmin Ferreira Silva, Paulo César Rodrigues dos Santos
Gerência de *design* e produção gráfica: Everson de Paula
Coordenação de produção: Patricia Costa
Suporte administrativo editorial: Maria de Lourdes Rodrigues
Coordenação de *design* e projetos visuais: Marta Cerqueira Leite
Projeto gráfico: Bruno Tonel
Capa: Bruno Tonel, Daniel Messias
   Ilustração: Ivy Nunes
Coordenação de arte: Wilson Gazzoni Agostinho
Edição de arte: Adriana Santana
Editoração eletrônica: Teclas Editorial
Coordenação de revisão: Elaine Cristina del Nero
Revisão: Edna Luna, Renata Brabo, Vera Rodrigues
Coordenação de pesquisa iconográfica: Luciano Baneza Gabarron
Coordenação de *bureau*: Rubens M. Rodrigues
Tratamento de imagens: Fernando Bertolo, Joel Aparecido, Luiz Carlos Costa, Marina M. Buzzinaro
Pré-impressão: Alexandre Petreca, Everton L. de Oliveira Silva, Marcio H. Kamoto, Vitória Sousa
Coordenação de produção industrial: Wendell Monteiro
Impressão e acabamento:

A.S. Pereira Gráfica e Editora EIRELI
LOTE: 797524 - Código: 24119737

Dados Internacionais de Catalogação na Publicação (CIP)
(Câmara Brasileira do Livro, SP, Brasil)

Silveira, Ênio
  Matemática: caderno de atividades / Ênio Silveira.
– 5. ed. – São Paulo : Moderna, 2019.

  Obra em 5 v. do 1º ao 5º ano.

  1. Atividades e exercícios 2. Matemática (Ensino Fundamental) I. Título.

19-25636   CDD-372.7

Índices para catálogo sistemático:
1. Matemática : Ensino Fundamental 372.7
Maria Paula C. Riyuzo – Bibliotecária – CRB-8/7639

ISBN 978-85-16-11973-7 (LA)
ISBN 978-85-16-11974-4 (LP)

Reprodução proibida. Art. 184 do Código Penal e Lei 9.610 de 19 de fevereiro de 1998.
Todos os direitos reservados
EDITORA MODERNA LTDA.
Rua Padre Adelino, 758 – Belenzinho
São Paulo – SP – Brasil – CEP 03303-904
Vendas e Atendimento: Tel. (0_ _11) 2602-5510
Fax (0_ _11) 2790-1501
www.moderna.com.br
2024
Impresso no Brasil

1 3 5 7 9 10 8 6 4 2

Apresentação

Estimado(a) aluno(a),

Este Caderno de Atividades foi elaborado com muito carinho para você!

Aqui você vai aplicar e melhorar seus conhecimentos em Matemática por meio da resolução de muitos exercícios.

O Caderno de Atividades está organizado em tarefas com exercícios variados que retomam os assuntos estudados no livro. Ao final de cada tarefa, há um desafio que vai exigir de você uma solução mais criativa.

Então, mãos à obra! Aproveite!

O autor

*Aos meus filhos:
Priscila, Ingrid e Ênio Filho,
minha inspiração, minha vida.*

Ênio Silveira

Sumário

Unidade 1 Noções de comprimento, posição, sentido e deslocamento 5
Tarefa 1, 5 ▪ Tarefa 2, 7 ▪ Tarefa 3, 9

Unidade 2 Classificações, comparações, sequências, símbolos e códigos 11
Tarefa 4, 11

Unidade 3 Figuras geométricas 13
Tarefa 5, 13 ▪ Tarefa 6, 15

Unidade 4 Números no dia a dia 17
Tarefa 7, 17

Unidade 5 Números de 0 a 10 19
Tarefa 8, 19 ▪ Tarefa 9, 21 ▪ Tarefa 10, 23

Unidade 6 Noções de temperatura e medidas de capacidade 25
Tarefa 11, 25 ▪ Tarefa 12, 27

Unidade 7 Adição e subtração 29
Tarefa 13, 29 ▪ Tarefa 14, 31 ▪ Tarefa 15, 33 ▪ Tarefa 16, 35

Unidade 8 Mais números 37
Tarefa 17, 37 ▪ Tarefa 18, 39 ▪ Tarefa 19, 41 ▪ Tarefa 20, 43

Unidade 9 Medidas de tempo 45
Tarefa 21, 45 ▪ Tarefa 22, 47

Unidade 10 Noções de multiplicação e de divisão 49
Tarefa 23, 49

Unidade 11 Medidas de comprimento 51
Tarefa 24, 51 ▪ Tarefa 25, 53

Unidade 12 Adição e subtração até 99 55
Tarefa 26, 55 ▪ Tarefa 27, 57 ▪ Tarefa 28, 59 ▪ Tarefa 29, 61
Tarefa 30, 63 ▪ Tarefa 31, 65 ▪ Tarefa 32, 67

Unidade 13 Medidas de massa 69
Tarefa 33, 69 ▪ Tarefa 34, 71

Unidade 1 — Noções de comprimento, posição, sentido e deslocamento

Tarefa 1

1 Observe as flores abaixo.

a) Cerque com uma linha a flor mais alta.

b) Marque com um **X** a flor mais baixa.

2 Observe a centopeia e desenhe uma mais curta e outra mais comprida do que ela.

Centopeia mais curta

Centopeia mais comprida

3 Iaci dividiu uma folha de cartolina em quatro partes para uma atividade na aula de Arte e pintou cada uma das partes com uma cor.

a) Marque com um **X** as partes da cartolina que têm o mesmo tamanho.

b) Marque com um **+** a menor parte da cartolina.

cinco 5

Unidade 1 — Noções de comprimento, posição, sentido e deslocamento

4 Daniele, Leonardo e Thaís estão apostando uma corrida. Pinte de vermelho a camiseta de quem está na frente de Daniele, de verde a de quem está entre Leonardo e Thaís e de amarelo a de quem está atrás de Daniele.

Desafio

Desenhe um caminho que ajude Patrícia a levar o seu carrinho de controle remoto até a chegada. Utilize setas indicando o sentido desse caminho.

Unidade 1 — Noções de comprimento, posição, sentido e deslocamento

Tarefa 2

1 Observe as casas a seguir.

a) Marque com um **X** a porta mais larga.

b) Pinte de 🌟 a porta mais estreita.

2 Cerque com uma linha os brinquedos que estão entre a 🏐 e a 🪁.

3 Marque com um **X** as crianças que estão de frente para você.

Unidade 1 — Noções de comprimento, posição, sentido e deslocamento

4 Iaci separou alguns brinquedos para doar.

a) Pinte de 🔴 o que está atrás da boneca.

b) Pinte de 🟡 o que está na frente da boneca.

c) Cerque com uma linha o brinquedo que está do lado direito da cadeira.

Desafio

Reúna-se com seus colegas e descubra as 7 diferenças entre os dois desenhos.

Unidade 1 — Noções de comprimento, posição, sentido e deslocamento

Tarefa 3

1 Os alunos participarão de uma atividade na sala de arte da escola.

a) Pinte de 🟡 as camisetas dos alunos que estão dentro da sala de arte.

b) Pinte de 🟣 as camisetas dos alunos que estão fora da sala de arte.

2 Observe os carros e o caminhão.

a) Pinte de 🟡 os carros que se deslocam no mesmo sentido do deslocamento do caminhão.

b) Pinte de 🟢 os carros que se deslocam no sentido contrário ao deslocamento do caminhão.

nove **9**

Unidade 1 — Noções de comprimento, posição, sentido e deslocamento

3 Observe a sequência formada por setas.

a) Pinte de 🔵 as setas que apontam para cima.

b) Pinte de 🔴 as setas que apontam para baixo.

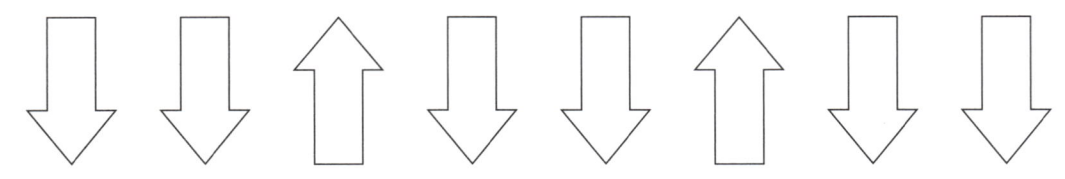

⬇️ ⬇️ ⬆️ ⬇️ ⬇️ ⬆️ ⬇️ ⬇️

c) As setas vermelhas e as setas azuis têm:

☐ mesmo sentido.

☐ sentidos contrários.

4 Cerque com uma linha o brinquedo que está em cima da mesa e marque com um **X** o brinquedo que está embaixo da mesa.

Desafio

Desenhe no corpo da joaninha os círculos na quantidade, no tamanho e no local definidos no quadro.

	●	•
Lado direito	5	2
Lado esquerdo	3	4

Unidade 2 — Classificações, comparações, sequências, símbolos e códigos

Tarefa 4

1 Observe a sequência e desenhe as figuras que estão faltando. Depois, pinte-as conforme a regra.

● ■ ▲ ● ___ ▲ ___ ■ ___ ___ ▲

2 Marque com um **X** os objetos que são brinquedos.

3 O agente de trânsito é uma pessoa muito importante para nossa segurança.

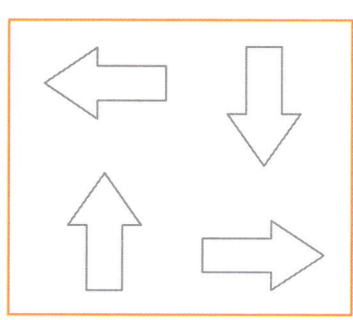

▶ Pinte a seta que indica a direção e o sentido apontados pelo agente de trânsito.

Unidade 2 — Classificações, comparações, sequências, símbolos e códigos

4 Diego ganhou uma fantasia de palhaço para ir a uma festa.

A   B   C   D

▶ Marque com um **X** a opção que mostra a sequência em que Diego vestiu a fantasia.

☐ A – B – C – D   ☐ D – A – B – C   ☐ D – B – A – C

Desafio

Encontre e marque com um **X** as 5 diferenças entre as cenas.

Unidade 3 — Figuras geométricas

Tarefa 5

1 Observe a ilustração ao lado e responda às questões.

a) Quantos triângulos há? _____

b) Quantos círculos há? _____

c) Quantos quadrados há? _____

d) Quantos retângulos há? _____

2 Pinte a ilustração utilizando a mesma cor nas figuras que têm o mesmo formato geométrico. Você sabe o nome dessas figuras?

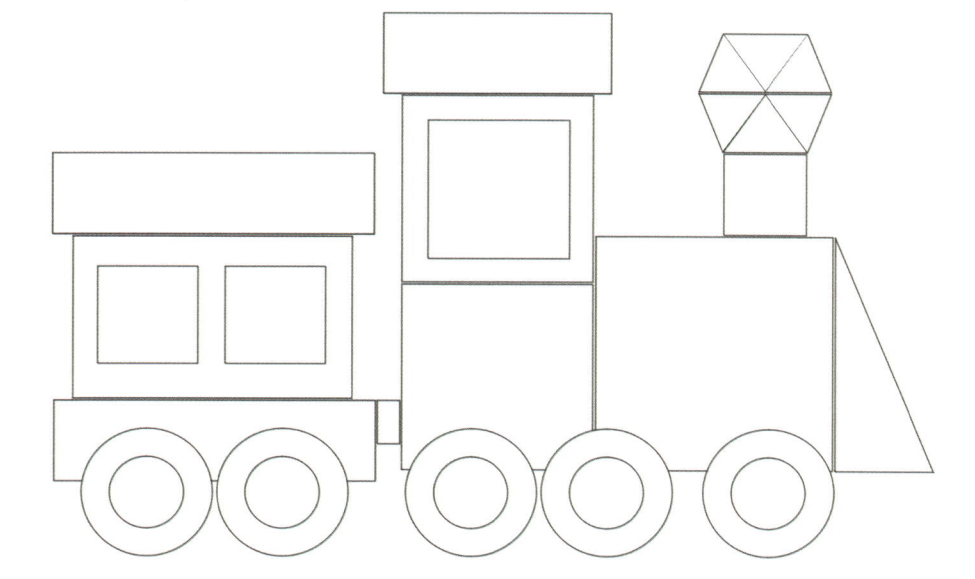

Unidade 3 — Figuras geométricas

3 Desenhe uma figura geométrica que atenda a cada uma das solicitações.

a) Tem o formato de um tubo e pode rolar.

b) Não rola e tem o formato de um dado.

4 O *tangram* é um quebra-cabeça chinês formado de 7 peças. Com essas peças podemos formar muitas figuras.

Agora, complete:

Um *tangram* é formado por _____ quadrado, _____ triângulos e 1 paralelogramo.

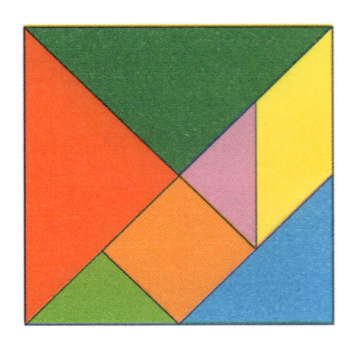

Desafio

Observe a figura parecida com um cubo e responda às questões.

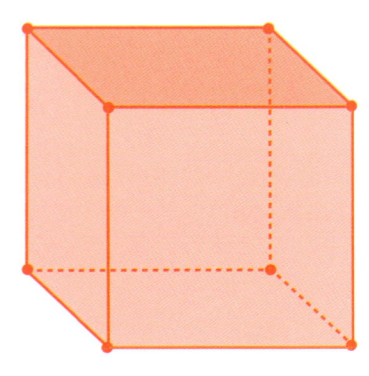

a) Qual figura plana podemos identificar? _____

b) Quantas bolinhas podemos contar? _____

Unidade 3 — Figuras geométricas

Tarefa 6

1 Ligue a figura plana correspondente à figura destacada na representação do sólido geométrico.

- Quadrado
- Retângulo
- Círculo
- Triângulo

2 Pinte de laranja os cubos, de azul os cilindros, de verde as pirâmides e de vermelho os cones.

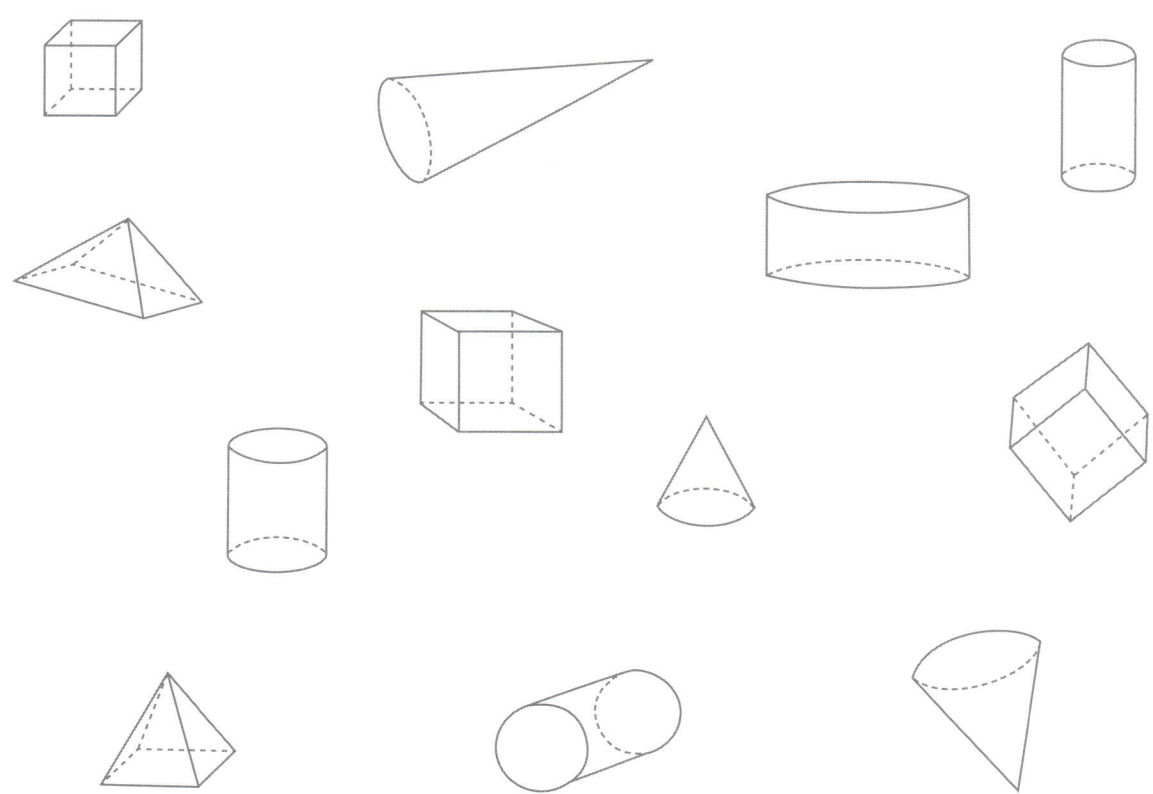

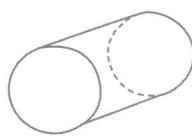

quinze 15

Unidade 3 — Figuras geométricas

3 Marque com um **X** os objetos que vão rolar, com facilidade, na rampa.

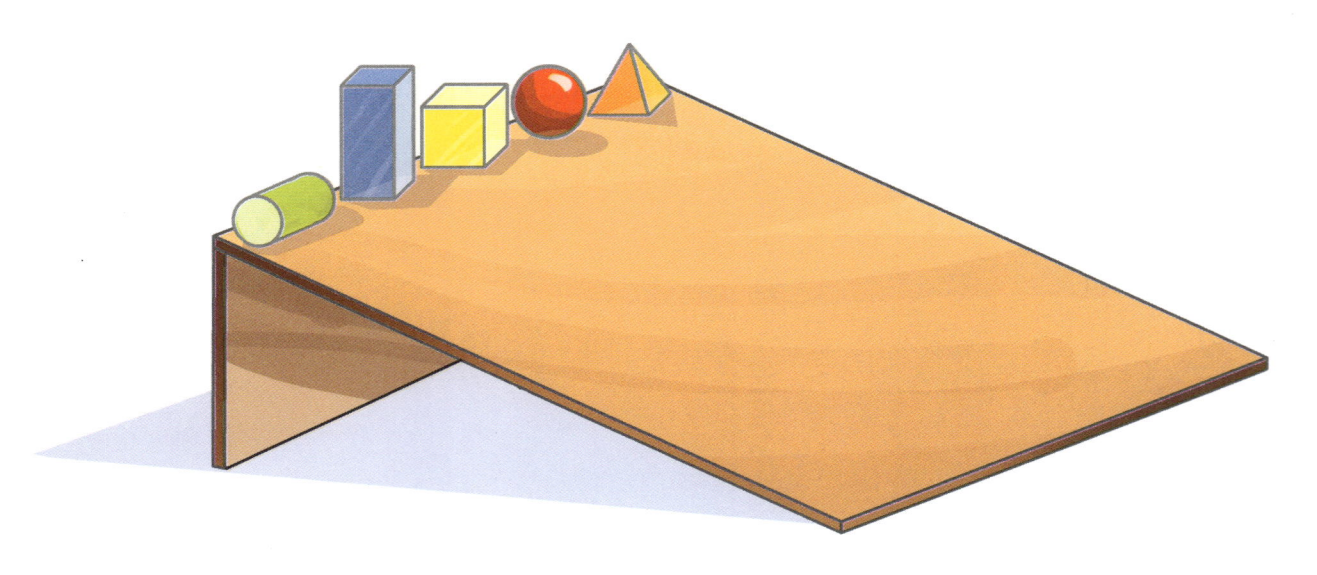

Desafio

Observe o caminho seguido pelo **carro 1** como exemplo. A seguir, trace o caminho do **carro 2,** observando a sua rota.

Carro 1

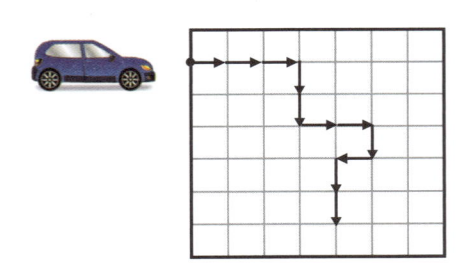

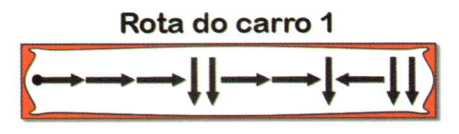

Rota do carro 1

Carro 2

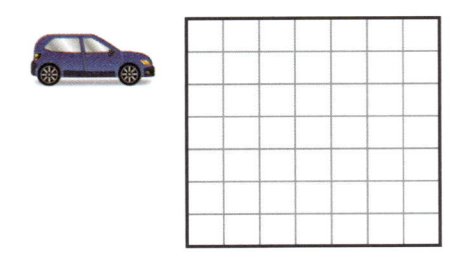

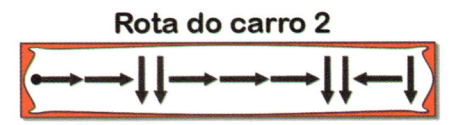

Rota do carro 2

Unidade 4 — Números no dia a dia

Tarefa 7

1 Cerque com uma linha os números 1, 6 e 8 na calculadora ao lado.

2 Observe atentamente a ilustração e responda às questões.

a) Quais são os números que indicam os preços dos ingressos?

_____

b) Quais são os números que indicam os horários das apresentações?

_____

dezessete 17

Unidade 4 — Números no dia a dia

3 No calendário ao lado, cerque com uma linha o dia do nascimento do seu pai. Depois, escreva o nome do mês em que ele nasceu.

_____

_____

1	2	3	4	5	6	7
8	9	10	11	12	13	14
15	16	17	18	19	20	21
22	23	24	25	26	27	28
29	30	31

Desafio

Pinte um quadradinho para cada objeto listado que aparece na ilustração.

18 dezoito

Unidade 5 — Números de 0 a 10

Tarefa 8

1. Complete a sequência de números da amarelinha e responda às questões.

   a) Quantos números há nessa amarelinha? _____

   b) Qual é o número que está no início da amarelinha? _____

   c) Por quais casas é necessário passar até chegar ao número 7?
   _____

2. Complete as sequências numéricas a seguir:

   a) 0, 1, ____, ____, 4, ____, 6, ____, ____

   b) 1, 2, 3, ____, ____, 6, ____, 8, ____

3. Observe a imagem e responda à questão.

   ▶ Quantos peixinhos há em cada aquário?

Unidade 5 — Números de 0 a 10

4 Escreva o número que representa a quantidade de botões em cada quadro.

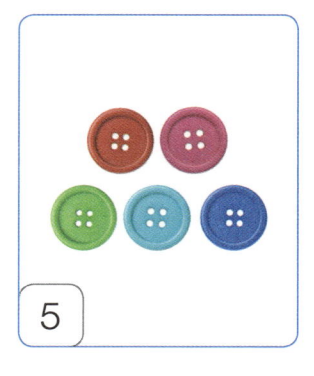

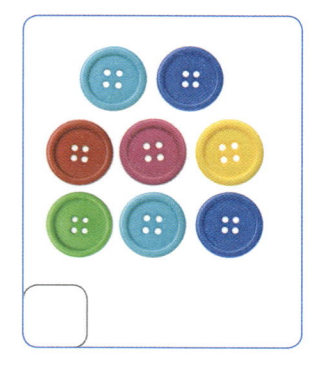

5

5 Observe as pegadas que Iara e Caíque deixaram nos caminhos que fizeram até chegar à oca.

▶ Quem fez o caminho mais comprido? Explique a um colega como você fez para descobrir.

Iara

Caíque

Desafio

Bruna está na fila de um parque de diversões.

Entre Bruna e o primeiro lugar da fila estão duas pessoas.

Qual é a posição de Bruna nessa fila? _____

Unidade 5 — Números de 0 a 10

Tarefa 9

1 Complete com os sinais < ou >.

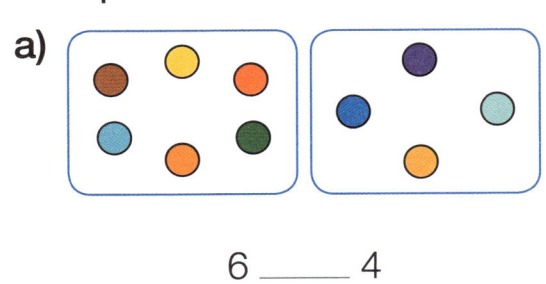

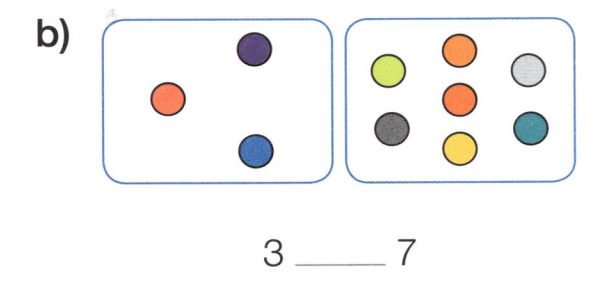

a) 6 _____ 4

b) 3 _____ 7

2 Ligue os pontos seguindo a ordem crescente.

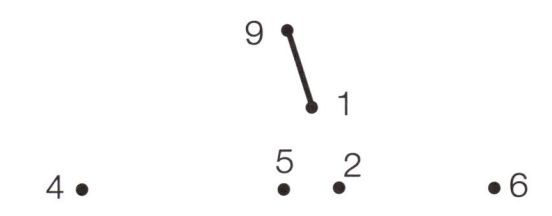

3 Complete a sequência em ordem decrescente e desenhe as fichas correspondentes.

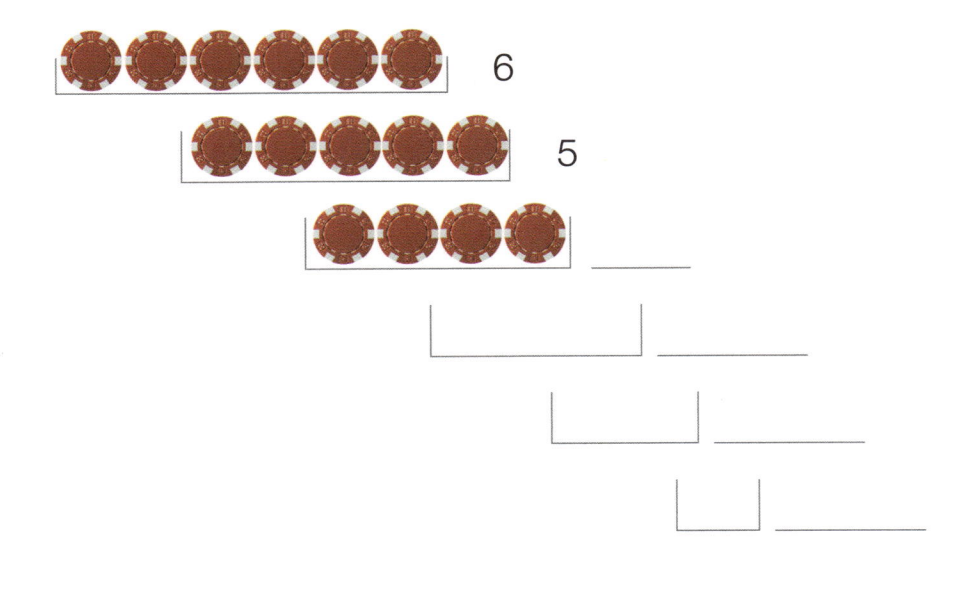

6

5

Bruno

Unidade 5 — Números de 0 a 10

4 Observe a reta numerada e responda.

0 1 2 3 4 5 6 7 8 9

a) Qual é o número que vem imediatamente antes do 7? _____

b) Qual é o número que vem imediatamente depois do 4? _____

c) Qual é o número que está entre 7 e 9? _____

5 Complete com os sinais <, > ou =.

a) 3 _____ 4

b) 6 _____ 6

c) 9 _____ 7

d) 5 _____ 8

e) 0 _____ 3

f) 2 _____ 2

Desafio

Cerque com uma linha 7 carrinhos que podem ser vistos no quarto de Mário.

Unidade 5 Números de 0 a 10

Tarefa 10

1 Escreva nos quadradinhos o número que representa a quantidade de frutas que cada personagem está segurando.

Iaci   Mário   Isabela

☐   ☐   ☐

2 Escreva o número que representa o valor da moeda e o da cédula ao lado.

_____   _____

3 Ligue os valores que representam a mesma quantidade em dinheiro.

vinte e três 23

Unidade 5 Números de 0 a 10

4 Observe as ilustrações a seguir e complete as respostas.

6 reais

5 reais

4 reais

a) Quantos reais custa o carrinho? _____ reais.

b) Quantos reais custa a girafa? _____ reais.

c) Quantos reais custa a boneca? _____ reais.

Desafio

Na penca há 8 bananas.

O número **8** corresponde a **oito** unidades.

▶ Marque com um **X** o bloco formado por 8 cubos.

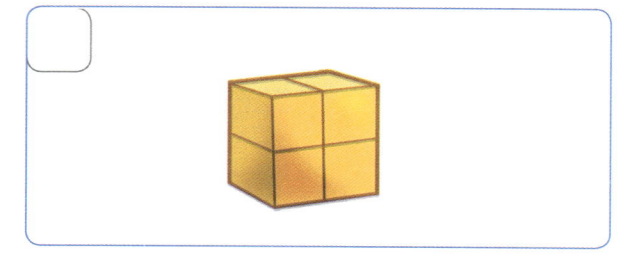

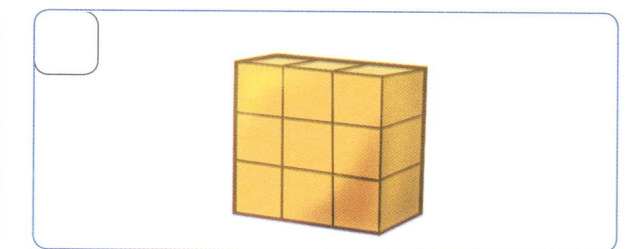

24 vinte e quatro

Unidade 6 — Noções de temperatura e medidas de capacidade

Tarefa 11

1 Assinale com um **X** as mercadorias que costumamos comprar por litro.

- ☐ barbante
- ☐ leite
- ☐ biscoito
- ☐ batata
- ☐ suco de maçã
- ☐ feijão
- ☐ gasolina
- ☐ papel
- ☐ refrigerante

Iaci

2 Observe as figuras e responda: quantos copos de suco cabem na jarra?

antes

depois

Nessa jarra cabem _____ copos de suco.

3 Circule de vermelho os animais que, em sua opinião, bebem mais de 1 litro de água por dia.

| coelho | cavalo | homem | galinha | gato |

vinte e cinco 25

Unidade 6 — Noções de temperatura e medidas de capacidade

4 Observe as ilustrações e complete com as palavras **mais quente** ou **menos quente**.

a) O suco de laranja é _____ do que a torta de maçã.

b) A torta de maçã é _____ do que a salada.

5 Tia Cláudia deixou na geladeira três jarras de suco com sabores diferentes. Observe as figuras a seguir.

laranja
4 litros

abacaxi
2 litros

goiaba
3 litros

a) O suco em maior quantidade é o de _____.

b) Tia Cláudia deixou na geladeira _____ litros de suco.

Desafio

Para fazer 1 litro de suco, Isabela usa 2 abacaxis. Com 8 abacaxis, quantos litros de suco poderão ser feitos?

Com 8 abacaxis, Isabela poderá fazer _____ litros de suco.

Unidade 6 — Noções de temperatura e medidas de capacidade

Tarefa 12

1 Ligue cada ilustração à sua capacidade em litro.

2 litros   1 000 litros   10 litros

▶ Qual desses recipientes tem a maior capacidade?

_____

2 Observe a ilustração e pinte de amarelo os recipientes em que cabe mais de 1 litro.

3 Uma torneira está vazando. Sabendo que ela desperdiça 2 litros de água a cada hora, em três 3 horas ela desperdiçará quantos litros?

A torneira desperdiçará _____ litros de água em três horas.

Unidade 6 — Noções de temperatura e medidas de capacidade

4 Em uma família, cada um dos quatro filhos consome 1 litro de leite por dia. Em três dias, quantos litros de leite eles consumirão?

Eles consumirão _____ litros de leite em três dias.

5 Marque com um **X** o aquário que tem menos água e cerque com uma linha o que tem mais.

Desafio

Observe ao lado os recipientes **A** e **B** com 5 litros e 3 litros de água, respectivamente.

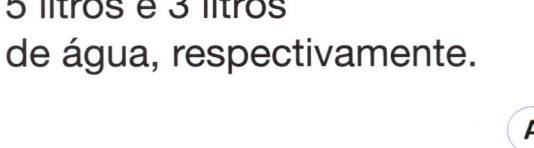

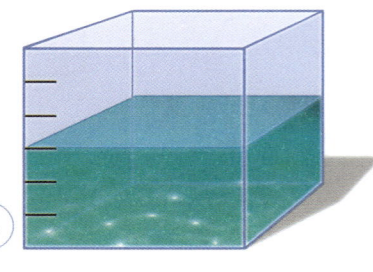

Passando 1 litro de água do recipiente **A** para o recipiente **B**, o que acontecerá?

_____

28 vinte e oito

Unidade 7 — Adição e subtração

Tarefa 13

1 Observe os dados e complete as adições.

a) 1 + 2 = _____

b) 5 + 2 = _____

c) 3 + 4 = _____

d) 6 + 1 + 2 = _____

2 Quantas bolas há em cada quadro? Observe o exemplo.

a) 2 + 3 = 5

b) 4 + 3 = _____

c) 1 + 8 = _____

d) 3 + 5 = _____

vinte e nove 29

Unidade 7 — Adição e subtração

3 Ana tinha 5 figurinhas e ganhou outras 3 figurinhas de Isabela.

▶ Com quantas figurinhas Ana ficou no total? _____

Isabela   Ana

4 Rafael tinha 🕊🕊. Ganhou mais 🕊🕊🕊🕊🕊🕊🕊. Com quantos *tsurus* ficou?

2 + 7 = _____

Rafael ficou com _____ *tsurus*.

Desafio

Flávio tinha 3 pipas e ganhou mais algumas do seu tio, ficando com 8. Quantas pipas Flávio ganhou?

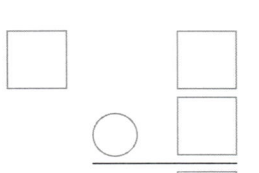

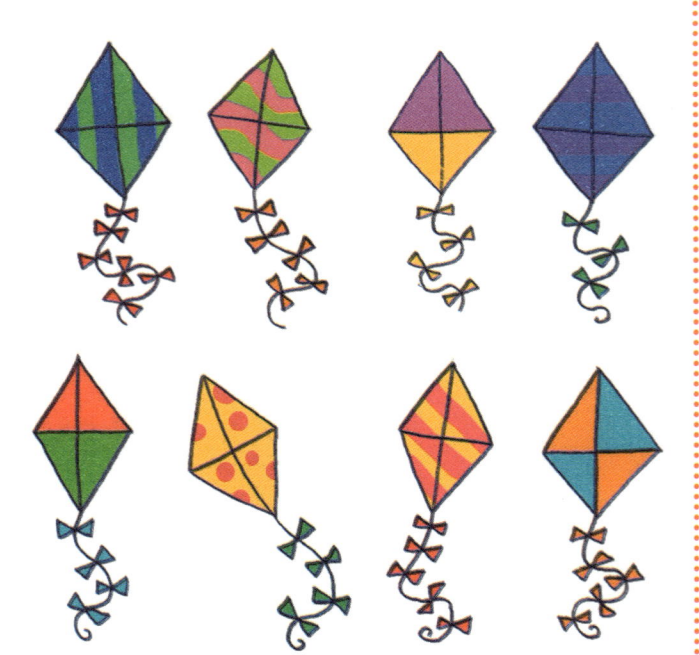

☐ ○ ☐   ☐
             ☐
          ○ ☐
          ___
             ☐

Flávio ganhou _____ pipas do seu tio.

Unidade 7 — Adição e subtração

Tarefa 14

1 Adicione os pontos das pedras dos dominós em cada caso.

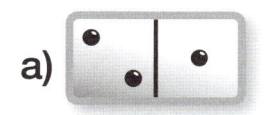

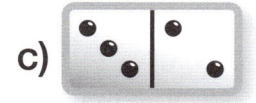

a) 2 + 1 = ____

c) ____ + ____ = ____

e) ____ + ____ = ____

b) ____ + ____ = ____

d) ____ + ____ = ____

f) ____ + ____ = ____

2 Observe os quadros e complete as adições.

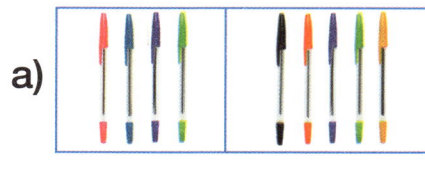

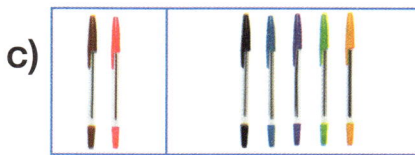

a) 4 + 5 = _____

b) _____ + _____ = _____

c) _____ + _____ = _____

3 Indique a quantidade de bandeiras de cada modelo e o total delas.

_____ + _____ + _____ = _____

trinta e um 31

Unidade 7 — Adição e subtração

4 Lucas está brincando de dardos. Ele precisa fazer exatamente 8 pontos para ganhar o jogo. Observe os pontos que ele obteve ao jogar o 1º dardo.

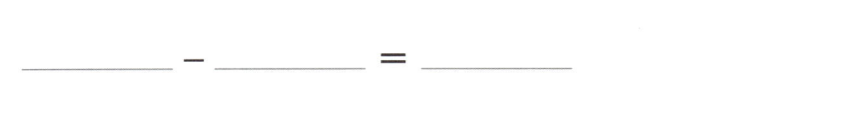

a) Quantos pontos faltam para Lucas ganhar o jogo?

_____ − _____ = _____

_____

b) Para ganhar o jogo, quantos dardos Lucas precisa acertar?

_____

_____

5 Pedro colocou 5 lanchas na piscina e Rodolfo mais 3 lanchas. Quantas lanchas foram colocadas ao todo na piscina?

_____ + _____ = _____

Foram colocadas ao todo _____ lanchas na piscina.

Desafio

Toninho soltou 4 bolinhas de um lado e 3 bolinhas do outro em uma máquina de juntar bolinhas **(figura 1)**.

Desenhe na **figura 2** todas as bolinhas que caíram na caixa de coleta e, depois, responda:

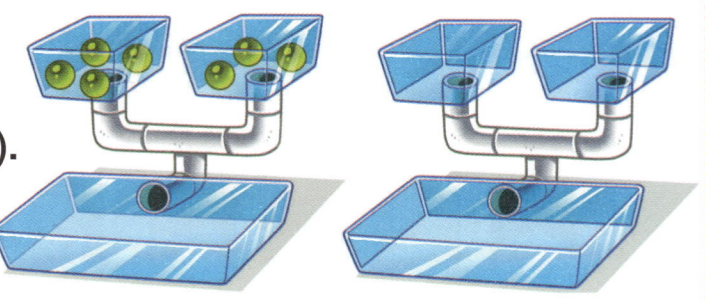

Figura 1   Figura 2

Qual é o total de bolinhas? _____

Unidade 7 — Adição e subtração

Tarefa 15

1 Ana tinha 7 bonecas e deu 3 delas para Isabela.

Ana   Isabela

▶ Com quantas bonecas Ana ficou?

_____ – _____ = _____

Ana ficou com _____ bonecas.

2 Observe a figura e responda às questões.

a) Quantos quadradinhos há na figura? _____

b) Quantos são os quadradinhos azuis? _____

c) Represente por meio de uma subtração o número de quadradinhos na cor branca.

_____ – _____ = _____

3 Observe, agora, o estojo de lápis de cor.

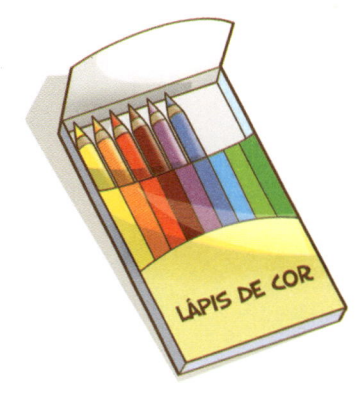

a) Quantos lápis faltam para completar o estojo de lápis de cor? _____

b) Escreva a subtração que determina a quantidade de lápis que falta para completar o estojo.

_____ – _____ = _____

trinta e três 33

Unidade 7 — Adição e subtração

4 Observe as ilustrações e responda às questões:

a) Isabela vai retirar 2 destes vasos de cima da mesa. Quantos vasos sobrarão?

_____ – _____ = _____

Sobrarão _____ vasos.

b) Mário vai comer 4 pedaços desta *pizza*. Quantos pedaços de *pizza* sobrarão?

_____ – _____ = _____

Sobrarão _____ pedaços.

5 Em uma sala de aula estão presentes 9 crianças. 6 delas são meninos. Quantas crianças são meninas?

_____ – _____ = _____

Na sala de aula _____ crianças são meninas.

Desafio

Em um estacionamento entraram 6 carros. Logo depois, entraram mais 3 carros. A seguir, saíram 4 carros. Quantos carros ficaram no estacionamento?

_____ + _____ = _____

_____ – _____ = _____

Ficaram _____ carros no estacionamento.

Unidade 7 — Adição e subtração

Tarefa 16

1 Resolva as subtrações.

a) 5 – 3 = _____   d) 9 – 4 = _____   g) 6 – 1 = _____

b) 7 – 4 = _____   e) 7 – 6 = _____   h) 2 – 2 = _____

c) 8 – 1 = _____   f) 9 – 3 = _____   i) 8 – 4 = _____

2 Complete a sequência a partir do número 9 fazendo as subtrações.

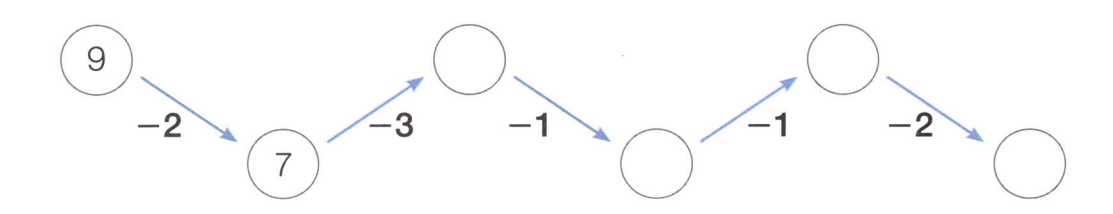

9 →(−2)→ 7 →(−3)→ ◯ →(−1)→ ◯ →(−1)→ ◯ →(−2)→ ◯

3 Bruno tinha 9 bolinhas de gude. Perdeu 4 jogando. Com quantas bolinhas ficou?

_____ – _____ = _____

Bruno ficou com _____ bolinhas de gude.

Unidade 7 — Adição e subtração

4 Na figura abaixo há 9 triângulos.

▶ Tirando os triângulos vermelhos, quantos sobrarão?

_____ – _____ = _____

Sobrarão _____ triângulos.

5 Observe o exemplo, marque com um **X** os elementos que devem ser retirados de acordo com cada subtração e complete.

a)  7 – 2 = _____

b)  8 – 6 = _____

c)  5 – 5 = _____

Desafio

Indique a subtração e conte uma história que explique as cenas.

Cena 1   Cena 2

_____ – _____ = _____

Unidade 8 — Mais números

Tarefa 17

1 Complete a sequência numérica.

| 10 | 11 | | | | | | | | 19 |

2 Complete os números que estão faltando no mostrador deste relógio.

3 Complete os quadros para que eles passem a ter 13 círculos, 15 lápis, 17 quadrados e 19 triângulos.

13 círculos

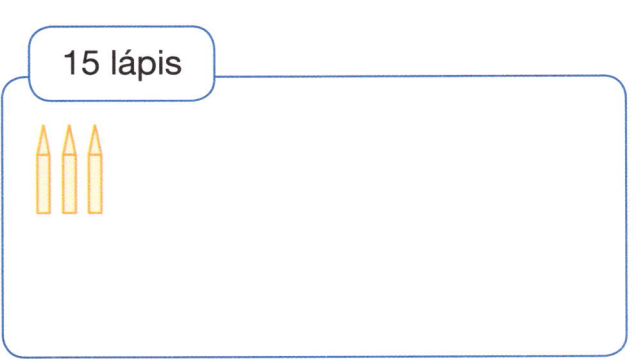

15 lápis

17 quadrados

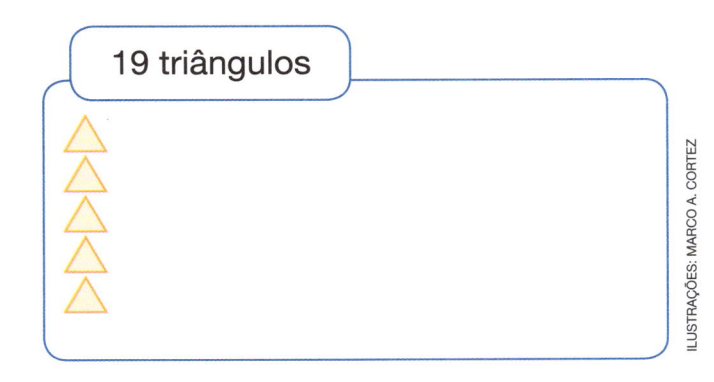

19 triângulos

trinta e sete 37

Unidade 8 Mais números

4 Marque com um **X** o maior número de cada item.

a) 11 17   c) 15 14   e) 13 16

b) 19 12   d) 10 19   f) 18 12

5 Complete a sequência numérica.

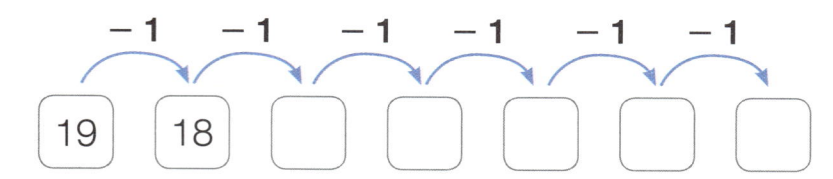

−1 −1 −1 −1 −1 −1

19 18 ☐ ☐ ☐ ☐ ☐

6 Registre o número de cubinhos em cada caso.

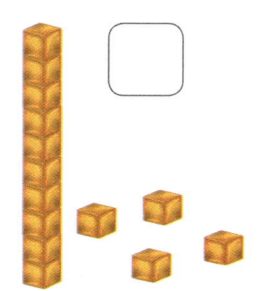

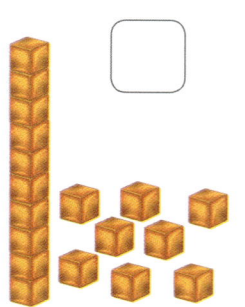

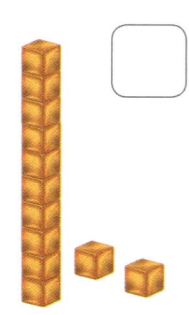

a) ☐   b) ☐   c) ☐

Desafio

Seu Eduardo tem 19 galinhas. Quantas delas não aparecem nesta imagem?

_____ − _____ = _____

Não aparecem _____ galinhas na imagem.

38 trinta e oito

Unidade 8 — Mais números

Tarefa 18

1 Escreva o número de lápis nos quadrinhos:

a)

b)

2 Pinte os quadrinhos de acordo com o número registrado para cada caso.

a) 11 quadrinhos.

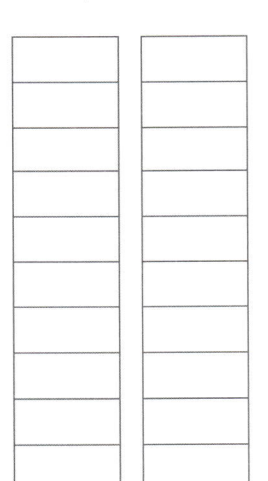

b) 15 quadrinhos.

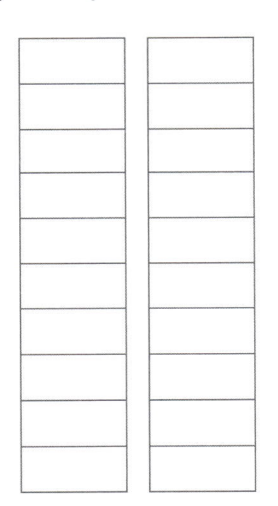

c) 18 quadrinhos.

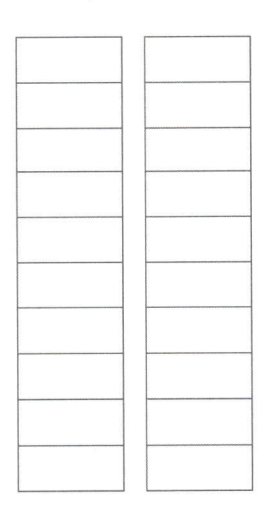

3 Qual o total de pontos obtidos no lançamento dos dardos?

_____ + _____ = _____

Foram obtidos _____ pontos.

trinta e nove 39

Unidade 8 **Mais números**

4 Complete a sequência fazendo as operações.

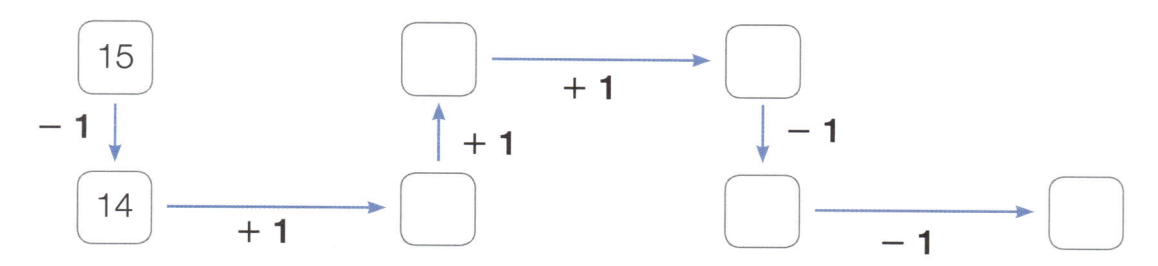

15 → −1 → 14 → +1 → ☐ → +1 → ☐ → +1 → ☐ → −1 → ☐ → −1 → ☐

5 Cerque com uma linha o maior dos números e marque com um **X** o menor deles.

16   13   11   19   17   14

6 Em cada caso, cerque com uma linha uma dezena de quadradinhos e pinte o restante de vermelho. A seguir, escreva nos espaços o número correspondente à quantidade de quadradinhos.

a)

b)

Desafio

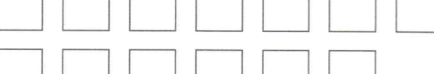

Ana Carolina tem uma cédula de 10 reais e outra de 5 reais. Comprou uma pulseira por 11 reais. Quantas moedas de 1 real ela deve receber de troco?

_____ − _____ = _____

Ana Carolina deve receber de troco _____ moedas de 1 real.

40 quarenta

Unidade 8 — Mais números

Tarefa 19

1 Observe a ilustração e responda às questões.

(Números nas casas: 95, 83, 71, 63, 58, 66, 74, 80)

a) Quais são os números que aparecem na cena?

_____

b) Qual é o menor número que aparece na cena? E o maior?

_____

2 Em cada caixa há 10 livros.

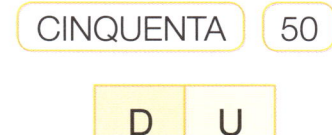

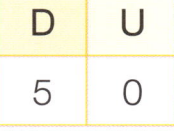

CINQUENTA 50

D	U
5	0

a) Quantos livros há no total?

_____ + _____ + _____ + _____ + _____ = _____

b) 5 dezenas é igual a _____ unidades.

quarenta e um 41

Unidade 8 — Mais números

3 Cerque com uma linha grupos de 10 em 10 e responda às perguntas.

a) Quantos grupos você circulou? _____

b) Quantas são as dezenas? _____

c) Quantas são as unidades? _____

4 Escreva o número representado em cada ábaco.

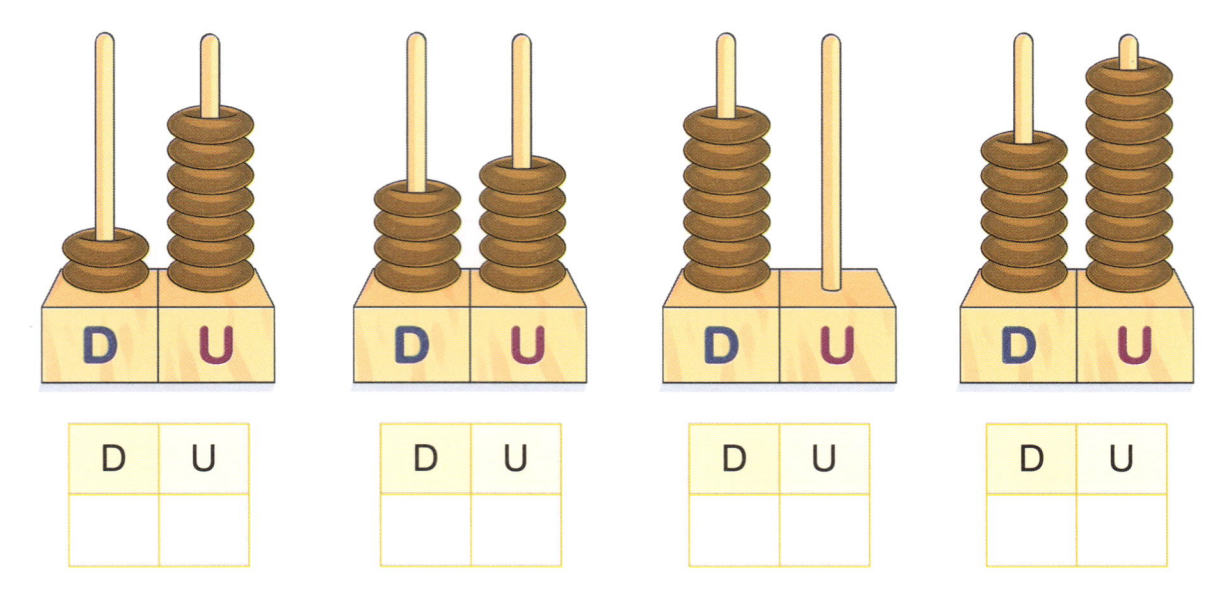

D	U

D	U

D	U

D	U

Desafio

Qual é o próximo número da sequência?

| 2 | 5 | 9 | 12 | 16 | 19 | 23 | |

quarenta e dois

Unidade 8 — Mais números

Tarefa 20

1 Complete as sequências.

a) | 10 | | 30 | | | | | 90 |

b) | 85 | 86 | | | 90 | | |

c) | 58 | | 61 | | | |

2 Complete com os números que vêm "imediatamente antes" e "imediatamente depois".

___ 47 ___   ___ 50 ___   ___ 79 ___

3 Marque com um **X** 6 cédulas que totalizem 70 reais.

4 Cerque com uma linha grupos de 10 peixinhos.

▶ Quantos peixinhos há ao todo no aquário?

quarenta e três 43

Unidade 8 — Mais números

5 Complete a sequência.

50 →+8→ ☐ →−7→ ☐ →+5→ ☐ →−4→ ☐ →−2→ ☐

a) Agora, escolha outro número qualquer e faça a mesma sequência de operações.

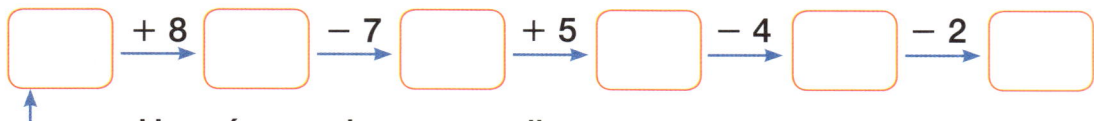

☐ →+8→ ☐ →−7→ ☐ →+5→ ☐ →−4→ ☐ →−2→ ☐

↑ Um número de sua escolha.

b) O que você observou?

_____

Desafio

Observe atentamente o tabuleiro do jogo de damas e responda às questões.

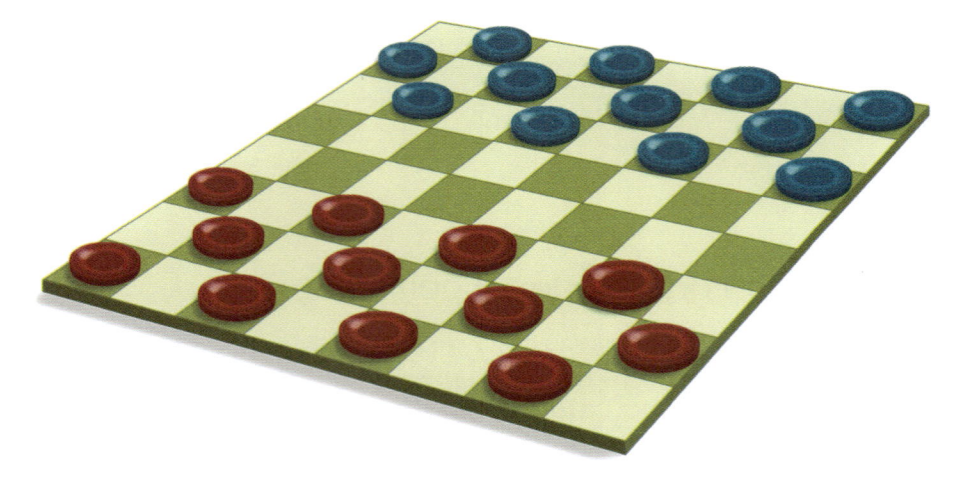

a) Qual é o número de quadradinhos brancos? _____

b) Qual é o número de quadradinhos verdes? _____

c) Qual é o total de peças colocadas no tabuleiro? _____

d) Qual é o total de quadradinhos sem peças no seu interior? _____

Unidade 9 — Medidas de tempo

Tarefa 21

1 Complete o relógio com os números que estão faltando e diga que horário o relógio está marcando.

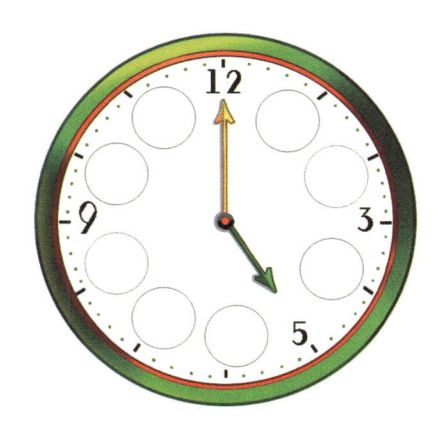

O relógio está marcando _____ horas.

2 Que horas o relógio está marcando em cada caso a seguir?

a)  _____ horas.

b) 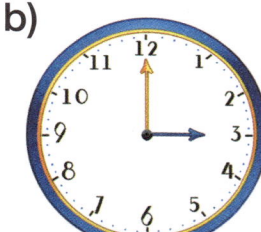 _____ horas.

c) 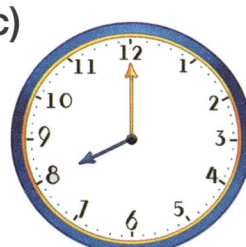 _____ horas.

d) 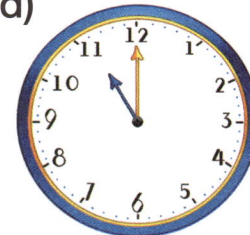 _____ horas.

3 Desenhe os ponteiros para que os dois tipos de relógio marquem a mesma hora.

a) 4:00

b) 9:00

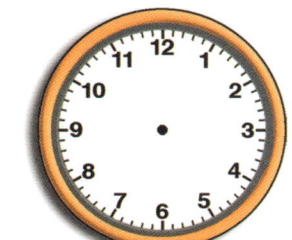

c) 7:00

quarenta e cinco 45

Unidade 9 — Medidas de tempo

4 Pinte de 🟢 os dois primeiros dias da semana e de 🟡 os dois últimos dias da semana.

- domingo
- segunda-feira
- terça-feira
- quarta-feira
- quinta-feira
- sexta-feira
- sábado

5 Responda às questões.

a) A que horas você costuma acordar? _____

b) A que horas você costuma dormir? _____

6 Marque com um **X** o mês em que você nasceu e depois pinte:

a) de 🟡 o primeiro mês do ano;

b) de 🔵 azul o mês em que se comemora o Dia das Mães;

c) de 🟡 o último mês do ano.

JANEIRO | FEVEREIRO | MARÇO | ABRIL
MAIO | JUNHO | JULHO | AGOSTO
SETEMBRO | OUTUBRO | NOVEMBRO | DEZEMBRO

Desafio

Tadeu chegou ao parque de diversões às 10 horas e saiu às 15 horas. Durante quantas horas Tadeu ficou no parque?

Tadeu ficou no parque de diversões durante _____ horas.

Unidade 9 — Medidas de tempo

Tarefa 22

1 A turma aprendeu que o relógio pode ser utilizado como instrumento de medida de tempo.

Observe os relógios da ilustração e responda.

a) Que horas são no relógio da praça? _____ horas

b) Que horas são no relógio de Mário? _____ horas

2 Érica e Milena são irmãs. Érica nasceu no mês de maio e Milena 4 meses depois.

a) Qual é o mês que vem imediatamente antes do mês de maio? _____

b) Qual é o mês que vem imediatamente depois do mês de maio? _____

c) Em qual mês Milena nasceu? _____

d) Qual é o mês que vem imediatamente depois do mês em que Milena nasceu? _____

e) E você faz aniversário antes, depois ou no mesmo mês de Milena?

_____

quarenta e sete 47

Unidade 9 — Medidas de tempo

3 O nadador brasileiro Cesar Cielo obteve o recorde mundial dos 50 metros livres. O tempo dele foi de aproximadamente 20 segundos. Agora é com você! Complete a frase com base nas alternativas abaixo.

> **Vale a informação:** 1 minuto é igual a 60 segundos.

a) ☐ Maior que 1 hora.

b) ☐ Maior que 1 minuto.

c) ☐ Menor que 1 minuto.

O tempo de Cesar Cielo foi _____

4 Observe o quadro e pinte cada um dos meses de acordo com a legenda.

a) Em 🟡, os meses com 31 dias.

b) Em 🔵, os meses com 30 dias.

c) Em 🔴, os meses com menos de 30 dias.

janeiro	fevereiro	março
abril	maio	junho
julho	agosto	setembro
outubro	novembro	dezembro

Ana

Desafio

Que horas o relógio da ilustração está marcando?

9:04

O relógio está marcando _____ horas e _____ minutos.

48 quarenta e oito

Unidade 10 — Noções de multiplicação e de divisão

Tarefa 23

1 Quantos quadradinhos há em cada figura?

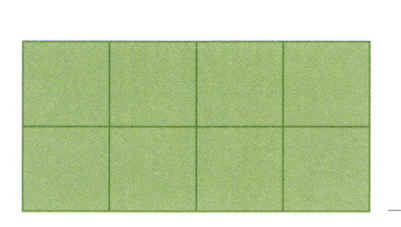

2 Observe as cédulas e complete as frases.

a) Há _____ cédulas.

b) O valor de cada cédula é de _____ reais.

c) No total há _____ reais.

3 Marcelo e Rogério têm miniaturas de transportes marítimos. Rogério tem 2 miniaturas. Marcelo tem o dobro dessa quantidade. Quantas miniaturas têm os dois juntos?

Os dois têm juntos _____ miniaturas.

| Unidade 10 | Noções de multiplicação e de divisão |

4 Iaci tem 8 bonecas. Ela guardou essas bonecas em duas caixas, dividindo-as em quantidades iguais. Quantas bonecas colocou em cada caixa?

Ela colocou _____ bonecas em cada caixa.

5 Observe a imagem. Conte quantas laranjas há na caixa e pinte a metade.

Desafio

Durante 3 dias Diogo pintou 4 quadros por dia. Ele vai distribuir os quadros igualmente entre suas duas avós.

Quantos quadros cada uma receberá?

Cada avó receberá _____ quadros.

50 cinquenta

Unidade 11 — Medidas de comprimento

Tarefa 24

1 Marque com um **X** o que costuma ser vendido por metro.

- ☐ feijão
- ☐ suco de uva
- ☐ arame
- ☐ iogurte
- ☐ madeira
- ☐ arroz
- ☐ tecido
- ☐ mamão
- ☐ peixe
- ☐ corda
- ☐ fio elétrico
- ☐ laranja

2 Complete as frases.

A distância entre os dois postes corresponde a _____ passos de Carol.

O comprimento da mesa corresponde a _____ palmos de Fernando.

A trave de futebol tem o comprimento de _____ pés de Marcos.

▶ A maior das unidades de medida utilizadas neste exercício é o _____.

cinquenta e um 51

Unidade 11 — Medidas de comprimento

3 Observe a régua e determine o comprimento das varetas em centímetro.

a) _____ centímetros.

b) _____ centímetros.

c) _____ centímetros.

▶ Qual é o comprimento da vareta mais comprida? _____ cm.

▶ Qual é o comprimento da vareta mais curta? _____ cm.

4 Na figura abaixo, temos uma casa com 4 metros de altura e 5 metros de frente. Preste muita atenção à ilustração e dê um valor aproximado para a medida da lateral da casa.

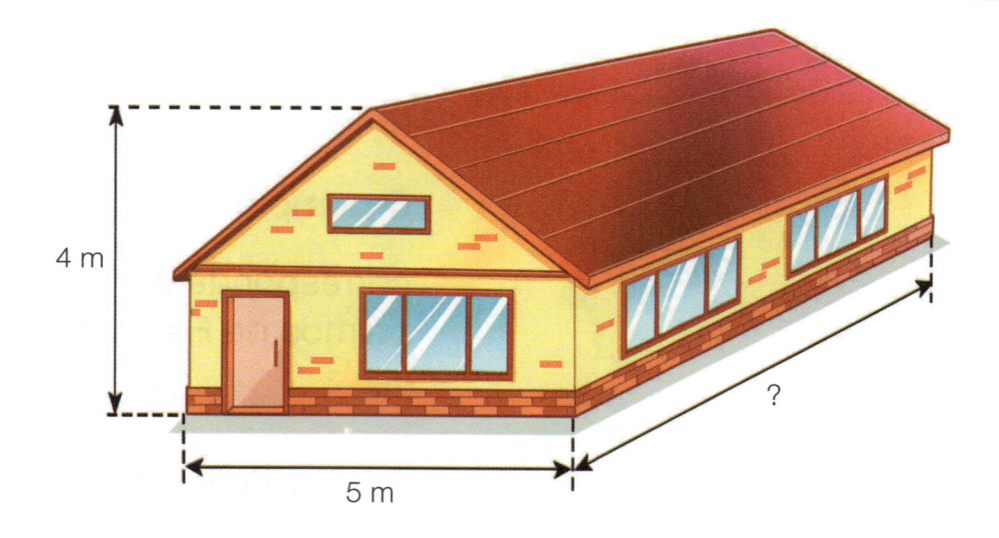

4 m

5 m

?

Desafio

Com o auxílio de uma régua, determine o comprimento das varetas a seguir.

a) _____ centímetros

b) _____ centímetros

52 cinquenta e dois

Unidade 11 — Medidas de comprimento

Tarefa 25

1 Quantos metros uma linha é mais comprida que a outra?

(48 m) (20 m)

Uma linha é _____ metros mais comprida que a outra.

2 Com o auxílio da régua, descubra o comprimento dos lápis a seguir.

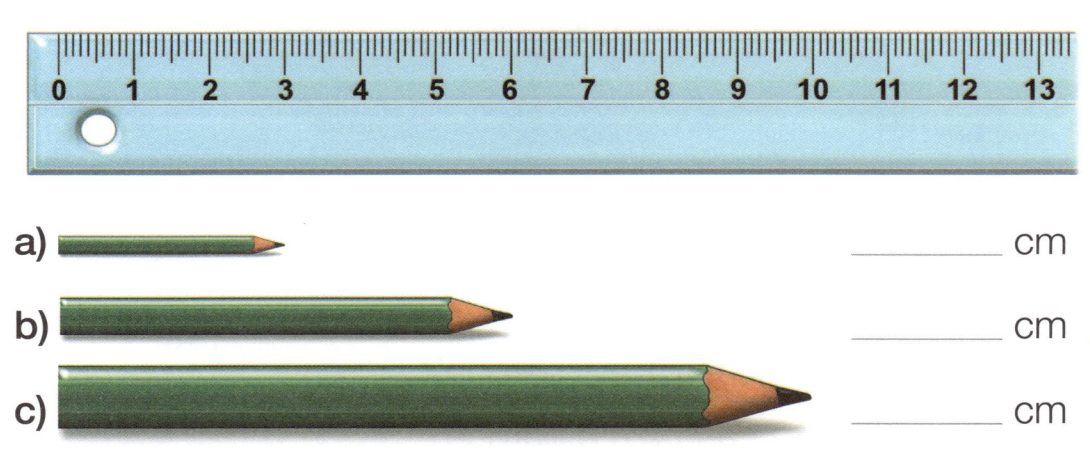

a) _____ cm

b) _____ cm

c) _____ cm

3 Cerque com uma linha a criança mais alta.

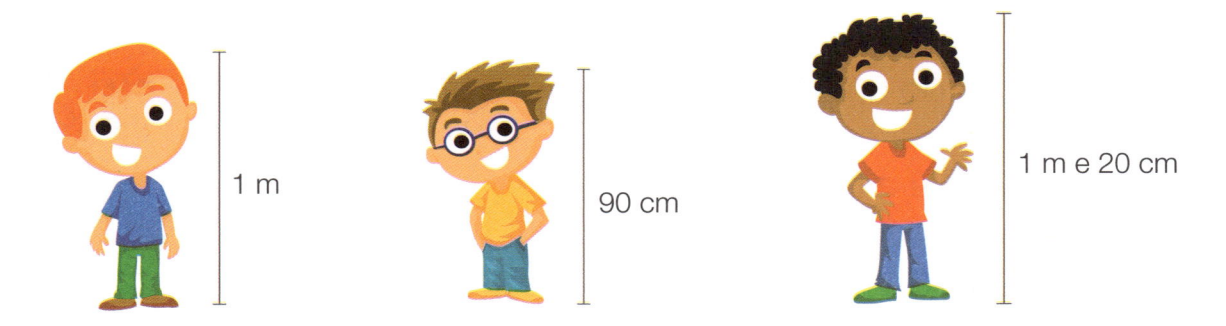

1 m   90 cm   1 m e 20 cm

▶ A criança mais alta tem mais de 1 metro? Se sim, quanto a mais?

_____

cinquenta e três 53

Unidade 11 — Medidas de comprimento

4 Cubra de vermelho o traço mais curto. Se for preciso, use a régua graduada.

5 Observe a ilustração e responda às questões.

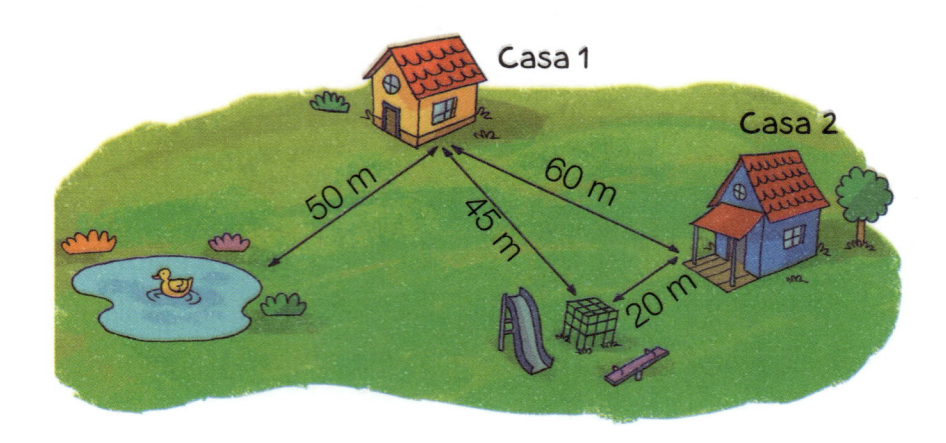

a) Qual é a distância entre a casa 1 e o lago? _____
b) Qual é a distância entre as duas casas? _____
c) Qual é a distância entre a casa 1 e o parque? _____
d) Qual é a distância entre a casa 2 e o parque? _____

Desafio

O comprimento de um palito de sorvete foi utilizado como unidade de medida. Qual é a medida de cada um dos lados dessa mesa?

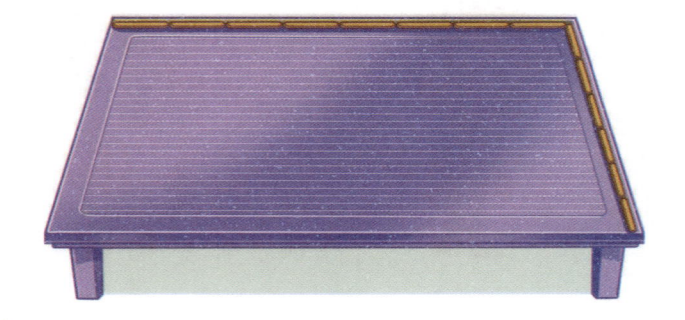

A mesa tem _____ palitos de comprimento e _____ palitos de largura.

Unidade 12 — Adição e subtração até 99

Tarefa 26

1 Quantos pontos fez cada jogador? Quem fez mais pontos: Vítor ou Pedro?

Vítor

_____ + _____ + _____ = _____

Pedro

_____ + _____ + _____ = _____

2 Letícia brinca com Beatriz usando 3 dados. Vence quem conseguir a maior soma de pontos. Quem venceu o jogo?

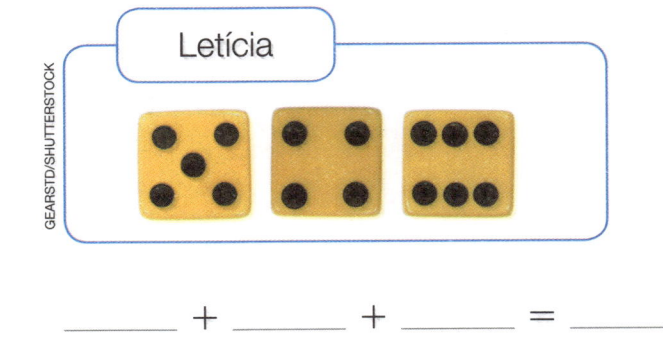

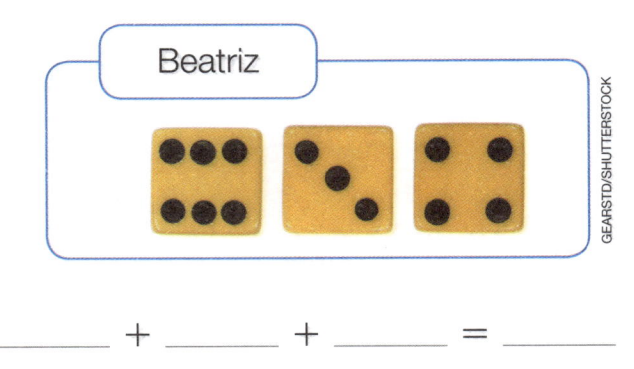

Letícia

_____ + _____ + _____ = _____

Beatriz

_____ + _____ + _____ = _____

Foi _____ quem venceu o jogo.

3 Complete a sequência.

12 →−3→ ☐ →+5→ ☐ →−4→ ☐ →+6→ ☐ →−9→ ☐

Unidade 12 — Adição e subtração até 99

4 Júlio contou todo o dinheiro que tinha. Qual é o total obtido em reais?

____ + ____ + ____ + ____ + ____ + ____ + ____ = ____ reais.

5 Complete as sequências.

a) ▢ —+1→ ▢ ; ▢ ←+3— 16 ←+2— ▢ ; ▢ —−6↑

b) ▢ —−4→ 13 ; ▢ ←−3— ▢ ←−2— 13 ; ▢ —+9↑

6 Encontre os números desconhecidos que completem as adições e as subtrações propostas.

a) $8 + \square = 15$

b) $13 - \triangle = 8$

c) $9 + \bigcirc = 17$

d) $\square - 7 = 5$

e) $\triangle + 6 = 16$

f) $13 - \bigcirc = 4$

Desafio

Simone trocou uma cédula de 10 reais por uma cédula de 5 reais, uma de 2 reais e o restante em moedas de 1 real. Quantas moedas Simone recebeu?

____ − ____ − ____ = ____

Simone recebeu ____ moedas de 1 real.

Unidade 12 — Adição e subtração até 99

Tarefa 27

1 André tem 16 livros em seu quarto. Ele já leu 9 desses livros. Pinte de verde os livros que André já leu e de laranja os que ele ainda vai ler.

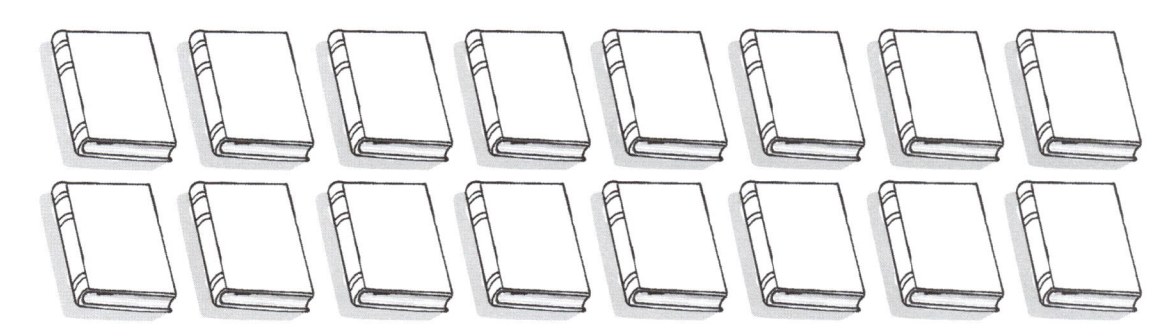

2 Uma gincana em benefício de crianças carentes foi disputada entre duas equipes. Uma equipe conseguiu 24 brinquedos e a outra, 32. Quantos brinquedos ao todo as duas equipes conseguiram?

_____ ⬜ _____ = _____

As duas equipes conseguiram, ao todo, _____ brinquedos.

3 Rafael fez uma atividade com 48 questões. Ele acertou 36. Quantas questões ele errou?

_____ ⬜ _____ = _____

Ele errou _____ questões.

cinquenta e sete 57

Unidade 12 — Adição e subtração até 99

4 Efetue a adição e as subtrações a seguir.

a) $\begin{array}{r} 56 \\ +43 \\ \hline \end{array}$

b) $\begin{array}{r} 68 \\ -42 \\ \hline \end{array}$

c) $\begin{array}{r} 85 \\ -54 \\ \hline \end{array}$

5 Marcela comprou 6 dezenas mais 9 figurinhas para o seu álbum. Sua tia lhe deu mais 3 dezenas de figurinhas. Com quantas figurinhas Marcela ficou?

_____ ☐ _____ = _____

Marcela ficou com _____ figurinhas.

6 Luísa fritou 25 pastéis de carne e 18 de queijo. Maria Clara comeu alguns desses pastéis, sobrando ainda 39 pastéis. Quantos pastéis Maria Clara comeu?

_____ ☐ _____ = _____

_____ ☐ _____ = _____

Maria Clara comeu _____ pastéis.

Desafio

Com duas cédulas de 50 reais é possível comprar os dois brinquedos ao lado? Sendo possível a compra, qual seria o troco?

_____ ☐ _____ = _____

_____ ☐ _____ = _____

_____ ☐ _____ = _____

48 REAIS

32 REAIS

Unidade 12 Adição e subtração até 99

Tarefa 28

1 Em um cercado havia 28 vacas brancas e 41 vacas malhadas. Quantas vacas havia, ao todo, nesse cercado?

Havia, ao todo, _____ vacas nesse cercado.

2 Em um ônibus havia 48 passageiros; desceram 25 passageiros em uma estação. Quantos passageiros continuaram no ônibus?

_____ passageiros continuaram no ônibus.

3 Rosângela tem 76 anos e seu filho tem 44 anos. Quantos anos ele é mais novo que Rosângela?

Ele é _____ anos mais novo que Rosângela.

cinquenta e nove 59

Unidade 12 Adição e subtração até 99

4 Leandro tem 12 dinossauros em sua coleção. Sua mãe lhe deu uma dezena de dinossauros. Com quantos dinossauros Leandro ficou?

Leandro ficou com _____ dinossauros.

5 Em um terminal de ônibus havia 44 ônibus parados. Depois, chegaram mais 14 e a seguir partiram 25 ônibus. Quantos ônibus ficaram no terminal?

Ficaram _____ ônibus no terminal.

Desafio

Em uma sala de aula a professora fez uma pesquisa com a seguinte pergunta: "Você prefere passar as férias na praia ou na serra?". Observe ao lado o gráfico com as respostas obtidas.

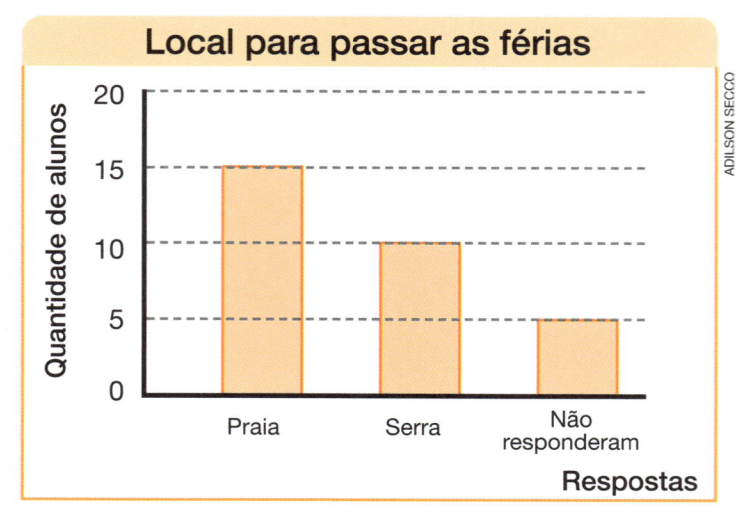

Local para passar as férias

(Gráfico de barras: Praia = 15, Serra = 10, Não responderam = 5. Eixo vertical: Quantidade de alunos. Eixo horizontal: Respostas.)

Dados obtidos pela professora em março de 2018.

▶ Agora, responda às questões.

a) Quantos alunos preferem passar as férias na praia? _____

b) Quantos alunos há nessa sala de aula? _____

Unidade 12 — Adição e subtração até 99

Tarefa 29

1 Marque com um **X** as moedas de que você precisa para comprar:

R$ 3,00

R$ 6,00

2 Imagine o valor de cada objeto e marque com um **X** o de menor valor.

3 Marque com um **X** o grupo de moedas que corresponde a 1 real.

sessenta e um **61**

Unidade 12 — Adição e subtração até 99

4 Observe os preços dos brinquedos nas prateleiras da loja.

Em seguida, resolva os problemas.

(Bola: 4 reais; Telefone: 5 reais; Caminhão: 15 reais; Carrinho: 10 reais)

a) Letícia comprou uma bola e um telefone. Quanto ela gastou?

Ela gastou _____ reais.

b) Quanto ela gastaria para comprar um caminhão e um carrinho?

Ela gastaria _____ reais.

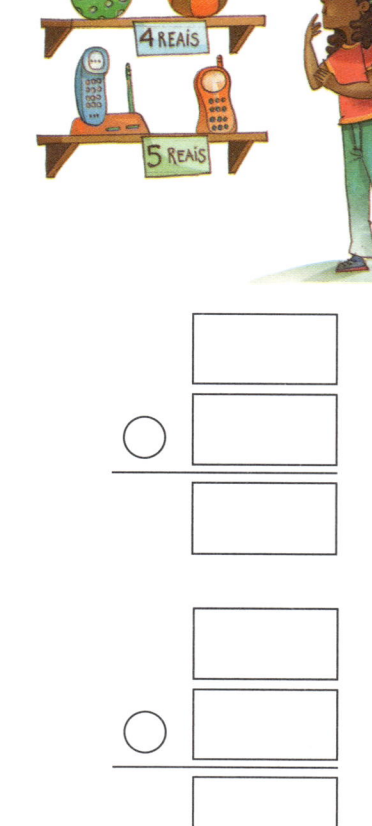

c) Quanto Letícia gastaria para comprar uma unidade de cada brinquedo?

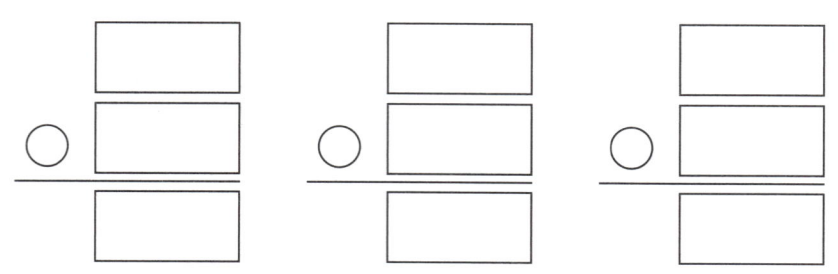

Letícia gastaria _____ reais.

Desafio

Anderson quer formar 1 real com moedas de 5 centavos. De quantas moedas ele precisará?

_____

Unidade 12 — Adição e subtração até 99

Tarefa 30

1) Felipe comprou dois aviõezinhos. Ele pagou 14 reais em cada um. Quanto Felipe gastou com a compra desses aviõezinhos?

Felipe gastou _____ reais.

2) Sandro tem 17 reais e quer comprar uma revista que custa 6 reais e um carrinho que custa 8 reais.

a) Quanto ele gastará com essa compra?

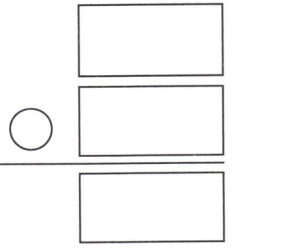

Ela gastará _____ reais.

b) Quantos reais sobrarão para Sandro?

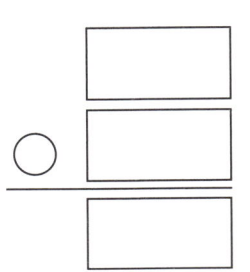

Sobrarão _____ reais.

3) Juliana comprou alguns materiais escolares e gastou 28 reais. Se ela tinha 48 reais, com quanto ficou?

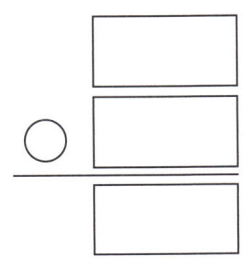

Ela ficou com _____ reais.

Unidade 12 — Adição e subtração até 99

4 Observe os bolos e seus respectivos preços. Depois, responda às perguntas.

R$ 25,00

R$ 12,00

a) Qual bolo é o mais caro?

☐ O maior.   ☐ O menor.

b) Qual é a diferença de preço dos bolos?

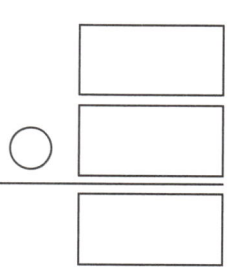

A diferença de preço é _____ reais.

Desafio

Observe o preço de cada objeto e a quantia que cada criança tem. Depois verifique se cada criança poderá comprar o objeto e marque um **X** em "sim" ou "não".

R$ 9,00

R$ 27,00

☐ sim   ☐ não   ☐ sim   ☐ não

Unidade 12 — Adição e subtração até 99

Tarefa 31

1 Observe os preços de alguns produtos de uma loja.

- R$ 12,00
- R$ 15,00
- R$ 10,00
- R$ 8,00
- R$ 10,00
- R$ 8,00
- R$ 9,00
- R$ 11,00

▶ Agora, determine o valor necessário para fazer as seguintes compras:

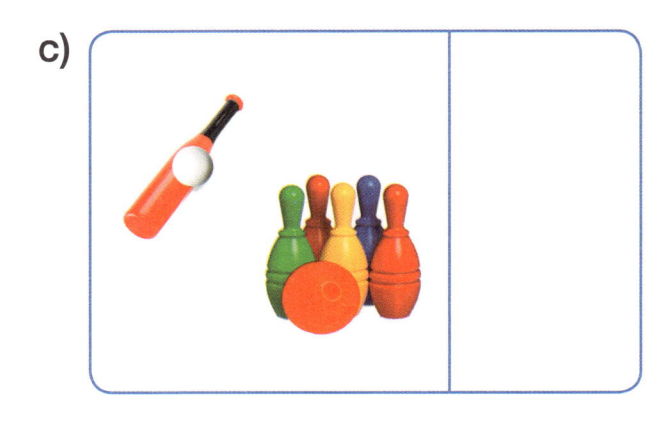

a)
$$\begin{array}{r} 10 \\ +8 \\ \hline \end{array}$$
_____ reais.

b) _____ reais.

c) _____ reais.

d) _____ reais.

sessenta e cinco 65

Unidade 12 — Adição e subtração até 99

2 Ligue cada objeto à quantia que corresponde ao preço.

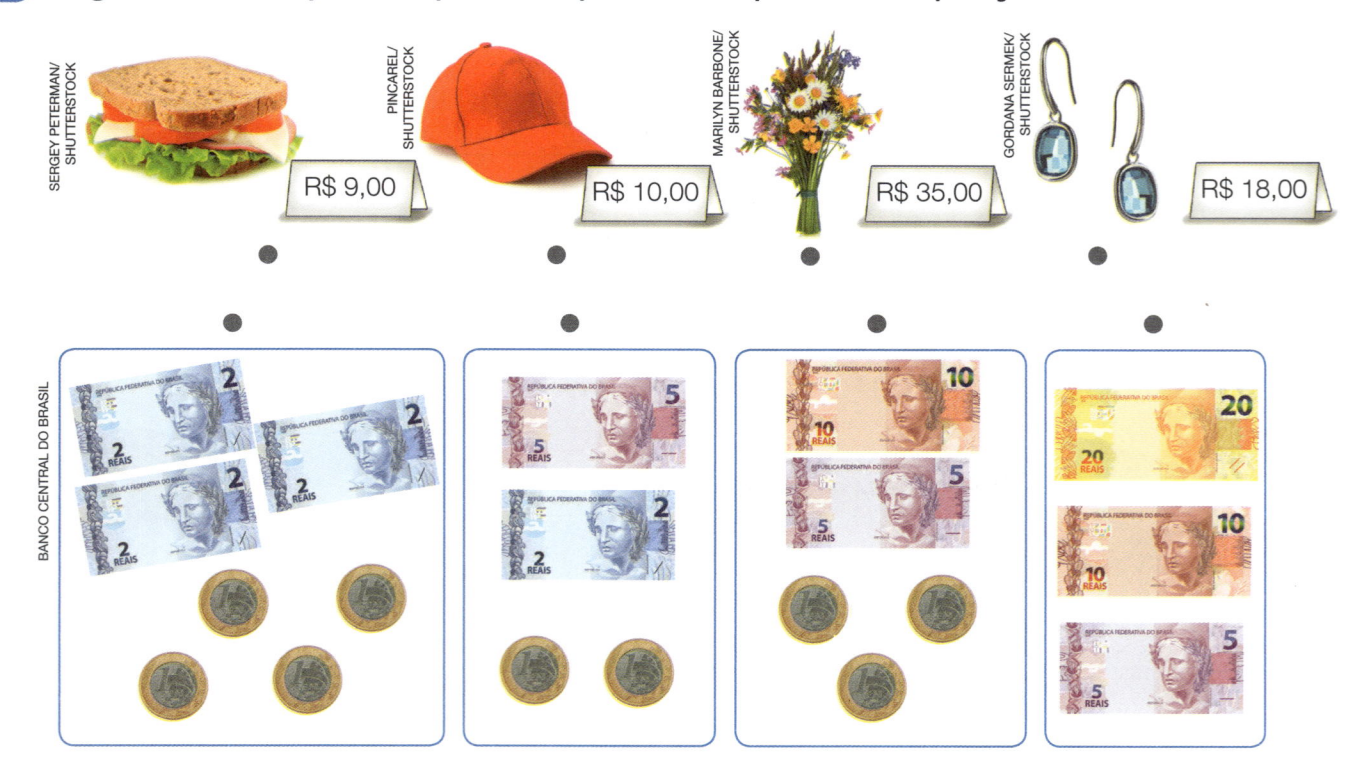

R$ 9,00   R$ 10,00   R$ 35,00   R$ 18,00

3 Ronaldo tinha 19 reais e gastou 5 reais na sorveteria. Com quantos reais Ronaldo ficou?

Ronaldo ficou com _____ reais.

Desafio

Determine o valor total correspondente à adição de todas as cédulas.

O valor total das cédulas corresponde a _____ reais.

66 sessenta e seis

Unidade 12 — Adição e subtração até 99

Tarefa 32

1 Carlos Eduardo saiu de casa com 39 reais para comprar um brinquedo que custa 34 reais. Quanto deverá receber de troco?

Carlos Eduardo receberá _____ reais de troco.

2 Observe os preços de alguns produtos de uma loja de roupas masculinas e responda.

R$ 60,00   R$ 35,00   R$ 50,00   R$ 10,00

a) Quanto gastaríamos para comprar a calça e a camiseta?

Gastaríamos _____ reais.

b) Quanto gastaríamos para comprar o par de chinelos e o par de meias?

Gastaríamos _____ reais.

c) Quanto gastaríamos para comprar a camiseta e o par de chinelos?

Gastaríamos _____ reais.

sessenta e sete 67

Unidade 12 — Adição e subtração até 99

3 Priscila colocou 40 reais de combustível no seu carro. Deu uma cédula de 50 reais para o pagamento. Quanto ela deverá receber de troco?

Ela deverá receber _____ reais de troco.

4 Uma empresa de móveis fabricou 14 mesas e 64 cadeiras no mês de setembro. Quantos móveis, ao todo, a empresa fabricou nesse mês?

A empresa fabricou, ao todo, _____ móveis no mês de setembro.

Desafio

Observe o quadro.

75	29	68	25	39	21	35	49	55
34	37	72	12	25	57	73	28	83
64	89	18	40	79	43	48	19	45

a) No quadro, pinte de 🟢 o maior número e de 🔴 o menor número. Depois, calcule a diferença entre eles.

A diferença é de _____ unidades.

b) Pinte de 🟡 todos os números situados entre 35 e 45.

Unidade 13 — Medidas de massa

Tarefa 33

1) Marque com um **X** as mercadorias que em geral costumamos comprar por quilograma.

- ☐ água
- ☐ café
- ☐ feijão
- ☐ farinha
- ☐ carne
- ☐ batata
- ☐ borracha
- ☐ suco de laranja
- ☐ arroz
- ☐ leite
- ☐ banana
- ☐ óleo

Lucas

2) Os materiais abaixo têm mais ou menos de 1 quilograma? Faça estimativas e cerque com uma linha os que têm mais de 1 quilograma.

Unidade 13 — Medidas de massa

3 Renato comprou 1 quilograma de melancia por 2 reais. Quanto ele gastaria para comprar 3 quilogramas dessa fruta?

_____ + _____ + _____ = _____

Renato gastaria _____ reais para comprar 3 quilogramas dessa melancia.

4 Qual é a massa da esfera e do cilindro juntos?

8 kg   7 kg   ?

A massa dos dois objetos juntos é _____ kg.

5 Complete de acordo com as ilustrações.

5 kg   2 kg   ?

A massa da lata é _____ quilogramas.

Desafio

Complete com **mais** ou **menos**.

a) Um menino de 7 anos pesa _____ que 5 kg.

b) Um lápis pesa _____ que 1 kg.

c) Uma motocicleta pesa _____ que 5 kg.

d) Uma borboleta pesa _____ que 1 kg.

Unidade 13 — Medidas de massa

Tarefa 34

1 Fabrício tem 56 quilogramas e seu primo Ivan tem 44 quilogramas. Quantos quilogramas Fabrício tem a mais que seu primo?

Fabrício tem _____ quilogramas a mais que Ivan.

2 Ligue os elementos às suas massas aproximadas.

- 1 quilograma
- 25 quilogramas
- 6 quilogramas

3 Quantos quilogramas tem este bebê? Faça uma estimativa e complete.

Esse bebê tem _____ quilogramas.

setenta e um

Unidade 13 — Medidas de massa

4 Observe a ilustração a seguir e responda às questões.

a) Qual é a caixa com maior massa, a caixa **A** ou a caixa **B**?

_____

b) Qual é o instrumento utilizado nessa operação?

_____

5 Ligue as balanças às frases correspondentes.

- A fruta tem massa de 1 quilograma.
- A fruta é mais leve do que 1 quilograma.
- As frutas juntas são mais pesadas do que 1 quilograma.

Desafio

Maria brinca de gangorra com seus filhos José e Joana.

A gangorra está em equilíbrio.

Qual é a massa de Joana em quilogramas?

Maria (56 quilogramas)
José (30 quilogramas)
Joana (? quilogramas)

A massa de Joana é _____ quilogramas.